PARTIR EN DOS LA PENA

YANNIS RITSOS (Monemvasía, Grecia, 1909 - Atenas, 1990) es una de las grandes voces de la lírica del siglo XX. Perteneció a la Generación del 30 junto a Yorgos Seferis y Odysséas Elýtis. Por su militancia comunista su obra fue prohibida durante las dictaduras de Metaxás y Papadópoulus, pero recibió el Premio Lenin de la Paz en 1977. La tuberculosis le llevó a varios sanatorios donde conoció a grandes intelectuales de la izquierda en la época de auge del nazismo. La decisión de unirse al Partido Comunista Griego, sin duda, marcó su estilo, que se acompasó a la lucha social. De esta época sobresale *Epitafio*, el llanto de una madre al perder a su hijo, que rompió con la poesía tradicional y se grabó en la memoria de las generaciones posteriores. En los albores del fascismo griego, su obra fue quemada ante la Acrópolis. Para protegerse, orientó su estilo hacia un surrealismo que se sumergió en el mundo de los sueños, como en «La sinfonía de la primavera». Tras la Segunda Guerra Mundial, acabó en prisión, donde escribió *Distritos del mundo*, sobre los horrores de la guerra. Tras su liberación y varios años convulsos, alcanzó la calma y su madurez poética. Escribió *Sonata del claro de luna*, por la que recibió el Premio Nacional Griego de Poesía y marcó su rumbo lírico hacia los personajes de la Antigüedad clásica, al modo de Kavafis. Escribió *Grecidad*, *Agamenón*, *Perséfone*, *Ismene*, *Crisótemis*, *Orestes*, *Helena*, entre otros; y su último libro, como un preludio de su muerte, fue *Tarde en la noche*.

PARTIR EN DOS LA PENA

YANNIS RITSOS

Traducción de Dimitri Papageorgiou

Selección de Violeta Gil

EL ÚLTIMO SIGLO ANTES DEL HOMBRE

Descendían con guerreras rotas, con fusiles viejos
sin pan en la mochila ni balas.
Solo con pequeños ríos furiosos cerraban su paso tras ellos.
Habían andado meses y meses por desconocidas piedras
por la nieve junto con sus olivos y sus viñedos –
uno dejó allí arriba un pie una mano
otro un gran trozo de su alma
cada uno de ellos uno o más muertos.

Luego volvieron con las heridas y miembros congelados
enterraron sus fusiles en las rocas, en la nieve, en los
huecos de los árboles,
en el corral, entre tejado y techo, en el oscuro trastero
que sale por la parte de atrás de la noche con un pequeño
candil de aceite de paciencia.

Crujía la puerta cerrada igual que los dientes por el frío.
La nieve se derretía. Bajaban grandes ríos dentro de la
noche

junto con huesos, gorras militares y banderas rotas.
Las ventanas cerraban sus ojos. Los cristales no lucían
como ojos ciegos. Miraban hacia dentro.

Llovía mucho aquellos días. El río bajaba
desde los techos a los canalones y desde los canalones a las
calles
y desde allí a las alcantarillas –luego ya no sabías.

Quedaba una fresca línea gris de lo desconocido
dentro de la ciudad dentro de la noche hasta dentro del
sueño.

Fuera de la habitación cerrada del común pasillo
junto encima de las maderas de la puerta, un muerto,
siempre de pie, apoyaba su espalda en la puerta
hombro a hombro con la puerta –si la abrieses el muerto,
se caería.
Ni hablar ya de dormir ni hablar de darse la vuelta del otro
lado.
Muchos pasos secos, oscuros –pasos ajenos en la calle o en
la escalera
en torno a un pedazo de silencio o de un trozo de hielo o
muerte no sabías –
en torno a algo frío redondo y ausente. Y un pequeño
perdigón

se desplazaba de acá para allá siempre cerrado y entero
como el mercurio sobre el suelo de un termómetro roto.

Detrás de la tapia había el mohoso jardín oscuro con
huecos árboles
allí tiraban los cántaros rotos, los algodones con el pus y
sobras de comida.

Nadie miraba por la ventana. Llovía. Las habitaciones
cerradas por el ruido de la lluvia –separadas
como cuadrados cajones secretos con desconocidas
mercancías
sobre la bodega de un gran barco incomprensible,
inmóvil– ¿O acaso
navegaba sin chimenea ni hélices? Olía sin embargo a carbón
y a inmensa agua. Y había, creo, luna en aquellas noches–
la sombra de la luna se enganchaba con el inmenso muro.

Mucha humedad. Un escalofrío pasaba por los cables
a las escasas patatas del armario les salían retoños. Lo mismo
a las cebollas
les salían ojos verdes. El saco roto por un dedo invisible.
La bombilla del pasillo llena de polvo como un inútil
recuerdo.
Los platos sucios en la cocina, el húmedo trapo de fregar, la
bolsa de papel

el trigo envenenado y la ratonera
las cucarachas libres por la noche sobre las losas del retrete
con leves crujidos, muchos crujidos, igual que aquellos
sobre las articulaciones de la pesadilla.
Después de la medianoche comenzó el viento. La ropa
sobre el alambre de la terraza
golpeaba fuerte como grandes aguas a la luz de la luna.
Y es cierto que aquel barco navegaba.
Subió el último la escalera. Quedó en el descansillo mediano
ante la estatua, que quedaba allí desde años, en el hueco de
la pared al lado de la escalera–
¿No sería su propia persona? allí parado –¿desde cuándo? –
¿Y si quería ahora bajar o subir? Nada.
La rodilla de piedra es inflexible. Se rompe.
Lo de la piedra, lo de la piedra, lo de la piedra –decía,
y la luna contaba sus dedos hasta nueve.
Y de nuevo hasta nueve –extrañas cuentas. ¿Qué relación
tenemos nosotros
con estos números escritos sobre los sucios cristales
además números plateados? La humedad destellaba en las
esquinas.
Al momento subió el hotelero –le apartó indiferente y
pasó.
Sus bolsillos estaban llenos de llaves –no se oyó el timbre.
El camarero quedó dormido con su cabeza dentro de la
bandeja

–¿no será que estaba muerto?
El otro avanzó y miró por el ojo de la cerradura a la joven pareja
ella al borde de la cama –se quitaba las medias y lloraba
él estaba ya desnudo totalmente indiferente
igual que aquella estatua de hueso de la escalera–
y la estatua ya no estaba en su sitio,
pasó de lado, con el hombro, por la abertura de la puerta–
la madera sin pintar despellejó algo su espalda.
¿Imaginas las estatuas cuando hacen el amor,
cuando se lavan y se peinan ante el espejo,
cuando se ponen los zapatos y se abrochan las chaquetas,
cuando tienen prisa para coger el autobús de la mañana?

Porque todas hacen el amor, todas tienen prisa, todas quieren vivir
por fuera se oían tumultos de pasos y disparos.
La ciudad en vela. Las persianas golpeando toda la noche
como aplaudiendo al desierto. Tienen miedo y aplauden. Al tejado
las botas del viento. Las sudadas camisetas del enfermo en la cuerda tendida
desde un rincón de la habitación al otro. Mucho fango en la calle.
Oyes cómo se pudren en la entrada sus zapatos.
Están secos tus socavados labios. ¿Tienes fiebre?

Un olor de alcohol y de alcanfor dentro de la habitación
que llega hasta la memoria.
Se llevaron los heridos hace días. Cerraron el hospital.
Los viejos pies de madera y las muletas quedaron en el
sótano.

Con la tromba de agua se inundó el sótano
salieron las muletas y los pies de madera a la calle.
¡Ah, pues! –dijo–, las estatuas te digo que andan y sujetan
fusiles.
Pueblos desiertos, ríos secos en un despiadado verano.
Bombardeadas iglesias. Un viento blanco silbaba
como el loco cantor de la iglesia que cantaba salvajes himnos
entre los disparos
y el cura con las botas del oficial muerto
levantaba la sotana y saltaba la tapia. En las paredes
estaban borradas las pintadas. Sordos cañonazos en la lejanía,
abajo sobre el horizonte el silencio de la guerra perdida. Un
caballo muerto sobre la cuesta.
Se había pegado el hielo al zapato, al calcetín, del calcetín
al pie.
Volveremos, dijeron. Y aun sin pies volveremos. Crujían los
maizales
extrañamente como si se rompieran los papeles con las
canciones patrióticas
como si se rompieran las banderas. Dos nubes flacas

colgaban encima de la montaña como dos trenzas de ajos
al lado de una chimenea
de una casa bombardeada. Ocultemos esta luz,
no sea que nos la quiten –¿dónde la ocultaremos? – dijo.
El otro miraba a sus uñas. Se hizo de noche.
Bajaron de refilón, de pared a pared. Se agacharon
cogieron sus sombras y se taparon hasta arriba. Se perdieron.
Solo sus pitillos de lejos de vez en cuando un chisporroteo
rojo.

Se derritieron las nieves bajaron los ríos y también ellos se
fueron.
La muerte andaba sobre el fango y las carretillas de mano
en el barro.
Encima de la caída puerta del verano llevaban los muertos.
Los cipreses puestos al cielo como los revolucionarios
sobre el paredón.
Quemaba el sol. Las guitarras de los gitanos
se llenaron de sangre. No sonaban. Se secaba el fango.
Hablábamos de un ocaso tras los árboles y las colinas
de aquellas anaranjadas nubes que no te dejan para que
termines tu jornada
sin asegurarte que algo quedará. Decíamos
de las raíces debajo de la piedra. ¿Qué podemos decir
ahora?

Un solo movimiento con la agotada mano
para espantar un moscón de la frente del muerto. ¿Cómo
desenredar
aquella vieja voz ante el abril y mayo
igual que los vendedores de telas desenvolvían en otros
tiempos un rollo
de tela deseada con flores estampadas
ante los ojos de las mozas? Se decoloró, ya no sirve.
¿Cómo desenvolverlo ante los ojos de las niñas que no
tienen pan
ante los ojos de las madres que llevan nada más que negro,
negro, negro?

Sin embargo hablaban, preguntaban. Oían además su
propia voz.
La mujer sacó su zapato y lo sacudió. Tenía un agujero.
El sol quemando la sombra del árbol en la calle –la calle
humeaba.

Con qué asombro cambian los colores y las horas –¿no es así?
Por la mañana
es como si llevaras gafas azules. Al mediodía amarillas.
Por la tarde rosadas. Por la noche negras. Todo cambia.

Por la noche cuando se enturbian las fachadas de las casas
y entre dos famélicas estrellas cuelgas tu chaqueta–

por la noche con el ruido del cambio de las estaciones del
año ante una garita militar de madera
los dobles pasos que alargan la doble orden, el doble saludo
y los demás pasos, el tronar de las armas. ¿Quién está detrás
de la puerta?
¿Cuáles son tus manos? ¿Tu cara?
No puedo reconocerte. A causa de la oscuridad, como
comprenderás.
No te sientes en esta silla. Está rota. Por la noche
no se ven las uñas que se hunden dentro del puño.

Soldados que huyen, corren, apuntan y caen.
Desde el otro lado corren los otros, apuntan y caen. La sangre
corre
sobre la nieve, en el barro, debajo de la tierra. Grandes ríos,
ríos rojos bajan de las montañas –los oyes por la noche.
No puedes quedarte ni dentro ni fuera. ¿Adónde ir?

En primavera crece hierba gruesa, flores rojas grandes y
carnosas.
La tierra está roja y crujiente –vale para cántaros y ollas.

Hombres miran desde las ventanas. ¿Qué ocurre?
Alguien escarba un tiesto con un hueso
–blanco hueso limpio– brilla al sol.
Los niños se sientan en el umbral. No leen. Están pensando.

No abras la puerta. Deja que el verano llame cuanto quiera.
La luna es el casco militar del soldado alemán.
Atrinchérate bien –ponte grueso papel de estraza en los
cristales.
Solo los muertos tienen permiso de circular por la calle –oyes
sus pasos
con sus humildes zapatos deshechos por la lluvia andando
sin encontrar sueño ni tumba en ese tiempo, sin encontrar
un poco de lugar suyo un bocado de pan y un pequeño
recuerdo.

Grandes focos dan puñetazos a los muros, buscando sobre
los surcos de las nubes
metrallas aletean tras la tapia de la fábrica de ladrillos
los perros escarban la tierra escarbada por los morteros y
las tumbas.

¿Dónde ir en tal momento? El viejecito puso las palmas de
sus manos al lado del cristal de la lámpara
–con cuidado– como si sujetara un pájaro blanco congelado
para calentarlo, y poder volar luego. Puede ser
que ya calentado puede quedar por su propia voluntad allí
encima de la mesa al lado del cenicero.

Relojes parados. Cayeron las manillas del gran reloj de la
Catedral

como dos vigas chamuscadas –no se oyó sonido.
Aquel gritó en la calle: daos prisa, daos prisa.
El otro corría tras él: para. Un farol en el cruce.
Y un letrero a destiempo, perplejo
casi inadmisible –grandes letras
bastante estables y algo apresuradas: «Dirección hacia el sol».
Se detuvieron un instante. No leyeron. Uno saltó los raíles
rotos.
El otro se entretiene entre los tejados con las mojadas
estrellas
como si buscara el número del portal. No lo encuentra. Para.
Su cara es esta. El timbre está aquí. No lo toca.
Espera escuchar el timbre de un lado al otro
sobre el tenso cable de la noche. Toca, pues. No toca
cortadas sus dos manos. ¿Qué ponía aquel letrero?

Muy tarde de noche todo está tranquilo. Se pegan las cosas
una con la otra, codo a codo –se juntan como sea
o por lo menos no se ve que están separadas. La oscuridad
cierra las fisuras, cierra aquellos huecos
entre tú y yo, entre el pie y la calle
entre un paso y otro. ¿Será posible que le crezcan las manos
como a las ramas de los árboles, como a las ramas secas que les
brotan hojas?
Pero a la madrugada, castigada, amarilla y gris,
pasa los rotos puentes a zancadas.

Su pantalón se engancha por los grandes clavos roñosos.
Entonces
casa por casa se distingue por su propio miedo cada una.
Sobrante el fango sobre las rotas calles. Cogía el fango en
sus manos.
Hacer un pájaro de barro –decía– ¿qué vas a hacer?
¿Un cántaro? ¿Qué pondrás dentro? ¿Fango?
En esta casa con tantas habitaciones, con tantas familias pobres
los niños tienen frío, las mujeres tienen frío,

meten periódicos en sus espaldas, enfajan sus pies como
niños enfermos.
Las ollas vacías suenan solas a medianoche.
El muerto quedó tres días sobre la cama de hierro.
Moscardones se posan en su boca. Este no tiene hambre.
Sobre la acera se oían las muletas de la luna.
Una rama oscura rascaba la persiana.
Busca los bolsillos del muerto. Tenía una llavecita.
Puede que esté en su baúl un trozo de pan de maíz. No le
dio tiempo a comer.
Ten cuidado que no descubran los niños que ha muerto.
Así tendremos durante una semana su pan. Una semana.

Se descompondrá, olerá. ¿Cómo aguantar una semana?
¿Cómo aguantaremos?
¿Un año, dos años? Abrid por lo menos las ventanas.

Salió. Golpeó tras él la puerta como si hubiera cerrado un
ataúd. No se le vio más.
Prófugo. Prófugo en la oscuridad. Clandestino. Los otros
miraban al muro.
El más viejo masticaba con sus encías su calcetín.
En sus bolsillos el polvo de carbón de la sombra.
En sus narices el olor de la piel chamuscada del relámpago
–un lejano, muy lejano relámpago.
Las lámparas humeando toda la noche en los sótanos.
Vienen silenciosos invitados pétreos.
Fuman mucho, por las fisuras de la puerta
sale el humo, como si hubiera incendio en casa.
¿Querrán hacerla saltar por los aires? ¿Querrán saltar ellos
también por los aires?
Debajo de sus camisas, sobre el vientre, sobre la piel
están enfajados de paquetes de papel –como aquellos que
leíamos
que enfajados con dinamita –se echaban ante las acorazadas
armas.

Aquel que se perdió hace días guardaba en su pecho una carta
con letras verticales como cipreses o abetos.

Los que quedaron quemaron la puerta del huerto para
cocer unas verduras

–las cogieron en el viejo cementerio. Cuando hay sol
aumenta la humedad en las habitaciones. Las paredes
ennegrecen.
Sin embargo, el aire entra y sale libre. Y de aquello que
hablábamos
–la escalera y la estatua de la escalera, las llaves y la
bandeja–
quedó muy atrás, tras las montañas, en una rota placa.
Y como te decía –decía– las cosas son más sencillas de lo
que creíamos.
Mucho más sencillas. Aquel queda agachado. No habla.
Adelgazó mucho. Sus huesazos sobresalen como hachas.
Sus cejas –¿has visto?– son como dos gordas pinzas
sujetando dos ascuas encendidas. Algo está pensando.

Sus uñas están negras de la grasa, negrísimas. ¿No será de la
tinta?
¿No será el que imprime los pasquines? –estos que
encontramos bajo la puerta.
¿Estos que usamos para encender y cocer agua y entra el
sol en la cocina?
Algunas veces, por la noche cuando pasaba el tren con retraso
rompía de arriba abajo el silencio, como aquellas sábanas
de antaño
que rompían la blanca tela. Ahora el tren
desciende debajo del miedo mismo –parte en dos la ciudad

solo en dos sencillas cosas. De este lado una parte, del otro
la otra, como decimos: la luz, la oscuridad, como decimos:
la vida y la muerte, y como decía la abuela atando su
pañuelo:
de un lado, hijo mío, lo bueno, del otro lo malo. Tan sencillo.
Haciendo la señal de la cruz. La luna le hacía señas desde el
cristal
y ella le respondía: deja terminar mi palabra y voy. Muy
sencillo.

En cuanto tiene frío la gente levanta sus solapas tapa sus oídos
y tiene –¿te has fijado?– dos orejas, dos ojos, dos manos. ¿No
es extraño
que no los hayas contado, no recordar? Aquellas noches,
aquel viejo espejo, Dios mío, con el despellejado azogue
frente al otro espejo colgado en la pared
reflejando el hueco de la habitación con las tres sillas viejas
multiplicando las sillas –no había nadie para que se sentara–
Una segunda habitación, una tercera habitación vacía, cuarta,
quinta, cuántas habitaciones dentro de la cerrada casa, dentro
dentro del espejo,
deshabitadas habitaciones, solas, sin casa, dentro,
hondamente deshabitadas.
Luego sopló viento fuerte. Abrió la puerta.
Cayeron de los clavos los espejos los dos amigos se miraron
cara a cara.

Buenos días, dijeron. Sonrieron. El espejo roto en el suelo,
devolvía brillantes, esparcidos detalles de un día entero.

Y aquel letrero en el cruce –siempre en su sitio–
«Dirección hacia el sol» –más correcto ahora con la
primavera
casi razonado entre los primeros días soleados
en que las mujeres abrían las ventanas y sacudían sus sábanas
y se distraían algo entre la luz mirando lejos
como si vieran ya de un punto al otro de la viga chamuscada
del muro de enfrente
pegado con la saliva de la primavera el balconcito de dos
golondrinas. Se distraían durante horas.
Y enfrente del viejo poste de telégrafo –sobre un nudo de
la parte baja brotó una hoja verde.
Puede quizá que hubieran leído el letrero. Frotaban sus ojos
por el abundante reflejo del sol. Y entraban dentro apresuradas
como si hubieran recordado algo muy querido.

Más tarde cuando regresaba la noche, este insistía –apretaba
los dientes e insistía.
No se veía nada en la oscuridad. Ya ni el letrero. Y los postes
de telégrafo
andaban con grandes pasos secretos por encima de los muertos.
Nadie sabía
qué llevaban, qué distancias recorrían. La noche

estaba llena de estatuas de carbón. Y él insistía
cada estatua sin manos le pedía a él sus manos.
Uno corriendo con la boca tapada por su alma con un farol en la mano.
Tras él huían asustadas las sombras de las casas caídas. Se oían disparos.
Apaga el farol –le decían desde las puertas. Apaga el farol haces de blanco.
Las mujeres golpeaban sus pechos. Apaga el farol. Que no vean, que no veamos.
Llegó al barrio alto. Quedó ante su casa. Una vecina
le dio la llave. De parte de tu madre, dijo, junto con su bendición –y cerró la puerta.
Cuatro años faltó. Se sentó en el umbral
se quitó el casco, lo apoyó en sus rodillas como niño muerto. No lloró.
Una bala le dio al farol. Se apagó. Toda la noche se oían
los disparos como si apuntaran a aquel letrero.

No hay barco para ti, no hay camino –repetía.
Una frente desproporcionadamente grande,
dos ojos sospechosos –dos bombillas polvorientas
en el pasillo del centro quirúrgico. Una enfermera con cofia almidonada
duerme sobre su silla. Olor de cloroformo. El tibio bisturí.
El dolor que no es siquiera dolor. Conversaciones en voz baja.

¿Se salvará? ¿No se salvará? De pronto
un gran foco chocó sobre los muros, entró por las persianas
rayó con fuertes cuchilladas el techo. La noche
desenvolvió en el aire una gran luz triangular
igual que un obrero desabrocha su manchada camisa
y ve su fuerte pecho. Sabíamos–
tras la espalda de la noche un montón de barcos esperaban
un montón de caminos abrían sus manos. El médico
lavaba sus manos, echó su bata en la silla
como si se hubiera derretido la nieve en la colina.
Amanecía detrás de los árboles del hospital.

Estos hombres son austeros y silenciosos. Tienen una manta
manta en sus hombros
duermen donde sea –mitad arriba, mitad abajo– en los
árboles, en la lluvia, en el suelo.
Sin embargo andan agachados y con cuidado (¿no será que
tienen algo frágil entre sus manos?)
como si sujetaran una taza de tila para un enfermo
cuidadosamente que no se les cayera por el camino –sobre
todo cuando suben la escalera
–porque siempre están subiendo una escalera (agachados,
aunque sabes que en sus adentros van de pie)
una escalera de piedra, tallada en la montaña –no aquella
de caracol, la estrecha, de madera
la que subías solo y se enredaba a tu alrededor la escalera

como soga marinera desde los pies a la cabeza
hasta la boca y más arriba –apretando. Quedaban fuera solo
tus ojos
saltones grandes ensangrentados intentado
entre las chispas de la oscuridad distinguir la escalera que
subiste.
Oscuridad. No ves nada. Enredado con la soga, debajo de
la escalera.

¿Qué ruido será este? ¿Qué ruido debajo del techo, dentro
del armario
entre un paso y otro, fuera de las puertas, dentro de las
puertas
ante el silencio de la indecisión, el último momento después
de la decisión? ¿Qué ruido?
Con el oído pegado a la pared escuchan.
El cuerpo pegado a su sombra. Es posible que los muertos
también escuchen
con el oído pegado a la tierra: lejano tumulto de pasos.
El golpe de la multicopista. Calma. La bombilla
es una mano amarilla espasmódica por encima de la oscuridad.
¿Qué bandera es la que ondea en el palacio del Ayuntamiento?
¿Con qué señal? ¿Con qué color?
Las perolas del rancho popular tocan toda la noche como
tambores.
Noche decidida. Barrios esperanzados

con su vientre pesado de hambre de pena, de santa ira.
Encima del poyete
el orador popular: «Camaradas». Nada más. Una cerilla. La
mecha.
Y las grandes zancadas de la bandera encima del sueño.
Y el gran arco del triunfo de la noche todo pintado con
enormes hoces y martillos de la velada.
Apagó la luz y abrió la ventana. La luna
entró al poco atrasada y honorable. Se sentó en el suelo
blanca con sus flacas rodillas en el polvoriento suelo.
Es también esta ternura la que puede ver de vez en cuando
poder saber que aún existen olvidados
dos árboles dentro de la derribada tapia, una mujer
con movimientos sencillos y naturales como si limpiara
judías tiernas
en una mesa desnuda, en un momento normal, en una
noche normal
en medidas normales de una justa necesidad –y el sonido
del agua
que cuece al lado, menudo, oído de nuevo
después de un confuso suspenso– ¿de cuántos meses?

Las noches son inacabadas. Nubes van y vienen en el cielo
malvas, grises o lechosas, y aun plateadas–
grandes caminos, grandes pasos, libres las nubes. –¿No es
extraño

poder ver de nuevo? Paciencia –dijo–
como si hablara a la luna. Aquel sonrió.
Vio su sombra dentro de la luna. Puede besar su sombra.
Y las estrellas
como tacitas de café después de un encuentro amistoso
en la casa de un soltero, con muchos pitillos –extraño, sí–
un hombre en la pila de fregar lavando los platos.

Después se llenó la habitación de un resplandor rojo. Se
oyeron campanas.
Habrá incendio en algún lugar, los soldados se sorprendieron,
corrían.
Y aquella llama bailando su roja sombra
sobre las terrazas de las viviendas, en las puertas, en las
barandillas. Su sombra
se recogió en un hatillo de calcetines sin lavar. Cayó el fuego
aquí en la ciudad que entregaba al fuego su historia y la
nuestra.

¿Se quemaría también aquel letrero? El hombre seguía
lavando aún los platos.
Las tacitas de café sobre la mesa eran rojas, brillaban. No,
no se quemó.
¿Quién va? ¿Quién va?, gritaba una voz blanda, femenina.
¿Crees que será la primavera? –decíamos– la primavera
¿Crees que nos pondrá en el bolsillo una nueva hoja verde

para comprar en la primera estación unas frambuesas y un
periódico?
Dijo la seña y la contraseña. Pasó. Este que se sentaba
tranquilamente y como indiferente ante el puesto de gasolina
sería miembro del Partido. Una leve brillantez escapó de sus
ojos
igual que la punta de un pasquín desde el bolsillo de su
chaqueta.
Luego salía del garaje un grupo de proletarios
moviendo su cabeza silenciosos, se juntaron con él,
avanzaron–
en sus manos llevaban una invisible iglesia
que andaba con ellos por encima de sus cabezas.
Estaba sentado al borde de la silla –uno de sus pies encima
del silencio
siempre listo para esconderse o huir solo. Sus manos
tenían la figura de una silenciosa provocación –puede que
de orgullo.
¿Tú quién eres?, dijo el otro. ¿Qué eres? Muestra tu
identidad.
¿Tú –un dedo levantado que prueba la calidad del aire?
Otro dedo escondido tras el gatillo del fusil prueba tu
valentía.
Lo sé –dijo él. Y no se enfadó. Lo sé,
Era una relación como aquella entre el árbol y el aire
o entre la tierra y el árbol –tan natural e inalterable.

Por dentro de la reja del jardín salían las primeras hojas
fuertes y sin obstáculos como vivas verdes. Y aquel
metía insistente su dedo en el ojal de su chaqueta
como si fuera a abrir un túnel debajo de las piedras.

La noche sentada en los tejados. Un silencio se posaba en el
fondo.
Las ventanas colgaban al aire cogidas de un alambre como
oscuros retratos
hasta más allá de los dos lados de la calle. Rojas chispas
escapaban de vez en cuando por las fisuras del sueño. En
algún
lugar trabajaban hierro candente
con largas pinzas y martillos. Un bulto candente
daba vueltas desde el blanco al rojo al gris y al azul. Una
noche
donde se aligera el peso de la sombra y se ve más oscura
y más grande la duración, a pesar de que
es algo más blanca y breve.

Eran unos hombres silenciosos y fuertes como niños
enfadados.
Sus manos toscas. No dormían. Puede que sean estos
los que cada noche aprietan las tuercas de los aflojados
puertos de las estrellas su corazón
sordo y austero –era un túnel debajo de las montañas

debajo de los ríos y de las raíces
por donde pasaba silbando el tren de la tarde
con rojos soldados con banderas y tambores
con ferroviarios panes y pipas de girasol.

Hacían su guardia nocturna siempre silenciosos.
Contaban los pulsos de las ruedas y de las válvulas con
furiosa exactitud. Y aquel
con otra exactitud de perdón –sin contarlas–
colocaba repartidas palabras dentro de la totalidad –con
humildad
con los imprescindibles medios de su tiempo –tan
humildes– una canción
que prematura para la gente –decía–
y era tarde además para cantarla.

Verdad –una canción andando sola lejos de sus oídos,
lejos de su responsable silencio. Puede quizá que la oigan
como se oye de noche fuera de la fábrica el paso de una
prostituta,
una prostituta con labios pintados y pintadas uñas
con baratos perfumes –una prostituta que hace sonar sus
tacones fuera de la acera
fuera de la decidida noche
fuera de las impresionantes ventanas de la historia. Y él
insistiendo

con la misma humildad una vez y otra vez: «Dirección
hacia el sol».

Era como si tuviera vergüenza. Yo –decía y volvía a
avergonzarse. Yo
ni el sonido de una rueda hambrienta puedo distinguir, o
de una rueda que se embriagó
de una rueda que se enfermó. Solo vuestro paso distingo.
Puedo distinguir dónde miran vuestros ojos
aunque no me distinguen no me distinguen. Un letrero–

Un letrero solamente –no, nada. Y de verdad tenía vergüenza
de la estatua que entra por la puerta. Y sin embargo él la
había visto. ¿No sería él mismo? Nada.
¿Viste aquel pararrayos? –dijo– ¿qué quería decir?
¿Y por qué lo recordó?, con uno de sus extremos
en el más alto pico de la chimenea de la fábrica y el otro
clavado en la tierra. ¿Así no es? –preguntaba.
«Desde aquí» –sí. Y el camino llano aunque difícil–
quiero decir: seguro o inevitable –esto solamente.
Y quedaba inmóvil como estatua con las manos en el bolsillo
como aquella de la escalera exactamente –solo que vestida,
porque
conservaba aún la frialdad y la noche.
Debajo del farol se veía más claro el letrero acribillado por
las balas.

«Desde aquí dirección hacia el sol». Él no le miraba–
perplejo y como culpable. ¿No serían suyas aquellas letras?,
se parecían.
(Y era como si lo demostrara, porque estaba fijo en él).

Grandes planos blancos. Cuadradas terrazas. Gran planta
baja blanqueada. Y las cuadradas tierrucas
verdes, castañas y amarillas entre el radiante sol. Entraba la
primavera. Y las chimeneas
como dedos gruesos ennegrecidos de los muchos pitillos
en grandes desvelos de trabajo –se mostraban en algún punto
alto tras las nubes.
Una ventana se abre. Y otra. Aquel seca su sudor.
Buenos días –dijo. Buenos días. Hoy hace calor. Gran planta
baja blanqueada.
Y el letrero –de madera cuadrada– esto es todo, dijo, nada más–
al cruce allí: «Desde aquí hacia el sol». Pasado mañana
que pasaremos dentro del sol con banderas y herramientas
puede que alguien pare un breve instante y pregunte:
«¿Quién escribió con letras torpes este letrero?».
Y otro quizá recuerde y diga:
«Yannis Ritsos –poeta del último siglo antes del Hombre».

HELENIDAD

I

Estos árboles no se acomodan con menos cielo,
estas piedras no se acomodan bajo los pasos forasteros,
estas caras no se acomodan más que al sol,
estos corazones no se acomodan más que a la justicia.

Este paisaje es duro como el silencio,
aprieta en su pecho sus piedras ardientes,
aprieta a la luz sus huérfanos olivos y viñedos,
aprieta las mandíbulas. No hay agua. Solo luz.
El camino se pierde en la luz, y la sombra de la tapia es de
hierro,
se petrificaron los árboles, los ríos y las voces entre la cal
del sol.
La raíz tropieza en el mármol. Juncos polvorientos.
La mula y la roca. Jadean. No hay agua.
Todos tienen sed. Hace años. Todos mastican un bocado de
cielo encima de su amargura.
Sus ojos están rojos por el insomnio.

Una profunda hendidura acuñada entre sus cejas
como un ciprés entre dos montes al ocaso.

Su mano está pegada al fusil,
el fusil es la continuación de su mano.
Su mano es la continuación de su alma–
tienen en los labios la ira
y tienen la pena profunda – hondo en sus ojos
como una estrella en un hoyo de sal.
Cuando aprietan la mano, el sol va seguro por el mundo;
cuando sonríen, una golondrina chica escapa de sus barbas
salvajes;
cuando duermen, doce estrellas caen por sus bolsillos vacíos;
cuando se matan, la vida tira cuesta arriba con banderas y
tambores.
Tantos años de hambre, de sed, todos se matan acosados
por tierra y mar,
el bochorno comió sus tierras y lo salobre regó sus casas
el viento derribó sus puertas y las escasas plantas de la plaza,
por los agujeros de su abrigo entra y sale la muerte
su lengua es áspera como la piña del ciprés,
murieron sus perros envueltos en sus sombras,
la lluvia choca en sus huesos.

Por encima de los picos humean petrificados la boñiga y la
noche

vigilando el archipiélago enfurecido donde se hundió
el mástil roto de la luna.

Se acabó el pan, se acabaron las balas,
cargan ahora sus cañones solo con su corazón.

Tantos años acosados por tierra y mar
todos tienen hambre, todos se matan y ninguno murió –
en los picos brillan sus ojos.

Una gran bandera, una gran fogata toda roja
y cada aurora miles de palomas se van de sus manos
hacia las cuatro puertas del horizonte.

II

Cada anochecer con el chamuscado tomillo junto al seno
de la piedra,
es una gota de agua que escarba desde antaño el silencio
hasta la médula,
es una campana colgada en el viejo roble que pregona los años.

Dormitan las chispas en la ceniza del desierto
y los tejados meditan en el vello dorado sobre el labio
superior del mes de la siega

–vello amarillo como la borla del maíz ahumada por la pena
del ocaso.

La virgen duerme sobre los mirtos con su ancha falda
manchada de uvas.
En el camino llora un niño y le contesta desde el campo
un oveja que ha perdido a sus hijos.
Sombra en la fuente. Helado el barril.
La hija del herrero con los pies mojados.
Sobre la mesa el pan y la aceituna,
entre la parra el candil del lucero de la tarde,
allá arriba, dando vueltas en su pincho, derrama perfume
la galaxia de grasa chamuscada, ajo y pimienta.

¡Ah! Qué hito de estrella hará todavía falta
para que borden las agujas de pino sobre la tapia chamuscada
del verano «y esto pasará».

¡Cuánto tiene que escurrir la madre su corazón aún sobre sus
siete valientes mozos muertos
hasta que encuentre la luz su camino en la cuesta del alma!

Este hueso que sale de la tierra
está midiendo con abrazos la fuerza, y las cuerdas del laúd
y el laúd desde el atardecer junto con el violín hasta la
madrugada

cantan de pena en pena en los romeros y en los pinos
y tintinean las sogas en los barcos como cuerdas
y el marinero bebe amargo mar con la copa de Ulises.

¡Ah! ¿Quién tapará entonces esta entrada y qué espada
cortará el ánimo
y qué llave te cerrará el corazón que con sus dos hojas
abiertas de par en par
mira hacia los huertos de Dios salpicados de estrellas?

Gran momento como las tardes de un sábado de mayo en la
taberna marinera,
gran noche como bandeja en el muro del estañador,
gran canción como el pan en la cena del pescador de esponjas.
Y mira cómo emprende el camino por las piedras la luna
cretense
grap – grap con veinte filas de tachuelas en gruesos zapatos,
y mira aquellas que suben y bajan las escalinatas de Anapli
llenando su pipa de hojas de oscuridad cortadas toscamente
sus bigotes tomillo de Rumelia, rociado de estrellas
y sus dientes raíz de pino de la roca del Egeo y de sal.
Entraron en el hierro y en el fuego, hablaron con las rocas
invitaron a beber aguardiente a la muerte en el cráneo de su
abuelo,
sobre las eras mismas se encontraron con Digenis y se
pusieron a cenar

partiendo en dos la pena, igual que partían sobre la rodilla su
pan de cebada.

Ven, Señora, con las pestañas saladas, con mano blanca
ahumada
de la preocupación por el pobre y de los largos años –
el amor te espera entre los matorrales,
la gaviota en su cueva cuelga tu negro icono
y el amargo erizo de mar besa la uña de tu pie.
Dentro de la vulva negra del viñedo muy rojo cuece el mosto,
cuece el rododentro en el quemado matojo,
dentro de la tierra la raíz del muerto pide agua para hacer
brotar un abeto
y la madre debajo de su arruga sujeta fuerte el cuchillo.
Ven, Señora que estás empollando los huevos de oro del
trueno –
en qué día azul te quitarás la pañoleta y cogerás de nuevo las
armas,
te pegará fuerte el granizo de mayo,
y romperá como granada el sol sobre tu delantal de dril,
y les repartirás sol grano a grano a tus doce huérfanos,
y brillará en torno la marisma como brilla el filo de la espada
y la nieve de abril
y saldrá a la arena el cangrejo para tomar el sol y cruzar sus
pinzas.

III

En este lugar el cielo no priva ni un instante el aceite de
nuestro ojo
en este lugar el sol lleva la mitad de la carga de la piedra que
llevamos sobre nuestras espaldas
se rompen las tejas sin queja bajo la rodilla del mediodía
los hombres van delante de sus sombras como los delfines
delante de barcos de Escíatos
luego su sombra se convierte en águila que tiñe sus alas al
ocaso.
Y más tarde se posa en sus cabezas y piensa en las estrellas
mientras ellos se acuestan en el descampado con la uva pasa.

En este lugar cada puerta tiene tallado un nombre de unos
tres mil y otros tantos años
cada piedra tiene pintado un santo con feroces ojos y
cabellos de soga
cada hombre tiene en su mano izquierda grabada de pincho
a pincho una sirena roja
cada moza tiene un puñado de luz salada debajo de su
falda
y los niños tienen cinco y seis crucecitas de amargura en sus
corazones
como las huellas de los pasos de las gaviotas sobre la arena por
la tarde.

No es necesario recordar. Lo sabemos.
Todos los senderos conducen a las Altas Palestras. El aire es
fuerte allá arriba.

Cuando se deshila el mural minoico solitario del ocaso
y se apaga el incendio en el pajar de la playa
las abuelas suben hasta aquí por los peldaños tallados en la
roca,
se sientan en la Gran Piedra hilando el mar con los ojos,
se sientan y cuentan las estrellas como si contasen los
cuchillos, tenedores
y cucharas de plata heredados de sus antepasados
y más tarde bajan para dar de comer a sus nietos la pólvora
de Mesolongi.

Sí, es verdad, Elcomeno tiene dos manos tan tristes entre su
lazo
pero su ceja se mueve como la roca que intenta despegarse
por encima de su ojo amargo.
Desde la profundidad sube esta ola que no sabe de ruegos
desde lo alto rueda el viento con resina como vena y savia
como pulmón.

¡Ay! Soplará una vez para arrastrar los naranjos del recuerdo.
¡Ay! Soplará dos veces para que salga chispa de la piedra de
hierro como detonador.

¡Ay! Soplará tres veces y enloquecerá los bosques de abetos
de Liakoura.
Pegará un puñetazo para hacer saltar al aire la tiranía
y tirará la anilla de la osa noche y comenzará un baile tsámico
en medio del recinto,
y la luna tocando la pandereta para que se llenen los balcones
isleños
de niños antes de tiempo despertados y de madres desde Souli.

Un mensajero llega desde Megali Langadia cada mañana
en su cara brilla sudando el sol
bajo su brazo sujeta fuerte la helenidad
igual que un obrero sujeta su visera dentro de la iglesia.
Llegó el momento, dice. Debéis estar preparados.
Cada momento es nuestro momento.

IV

Tiraron recto por la madrugada con el desprecio del
hombre que tiene hambre,
dentro de sus ojos inmóviles cayó una estrella,
llevaban a cuestas el herido verano.
Por aquí pasó un ejército con banderas sobre la piel
con la terquedad mordida entre sus dientes como pera
silvestre

con la arena de la luna dentro de sus botas
y con el polvo de carbón de la noche pegado dentro de sus
narices y en sus orejas.
De árbol en árbol, de piedra en piedra atravesaron el mundo,
con espinas como almohada atravesaron el sueño.
Traían la vida en sus manos secas como un río.

A cada paso ganaban una brazada de cielo –para ofrecerlo.
En los picos quedaban petrificados como árboles
chamuscados
y cuando bailaban en la plaza,
dentro de las casas temblaban los techos y sonaba la
cristalería en los vasares.

¡Ah! Qué canción es esta que estremeció los picos de los
montes –
en sus rodillas extendían la ropita de la luna y cenaban,
y rompían el ay entre las dos hojas del corazón
como rompiendo una pulga entre sus dos gruesas uñas.
¿Quién te traerá ahora la hogaza caliente por la noche para
alimentar a los sueños?
¿Quién quedará a la sombra del olivo acompañando a la
cigarra
para que no se calle la cigarra,
ahora que la cal del mediodía está encalando la tapia
alrededor del horizonte

borrando sus umbríos nombres grandes?
Esta tierra que exhalaba aroma por la madrugada
la tierra que era de ellos y nuestra – sangre de ellos– cómo
olía la tierra–
y ahora ¿de qué manera cerraron su puerta nuestros
viñedos
cómo se debilitó la luz sobre los tejados y de los árboles
quién diría que se encuentran la mitad debajo de la tierra
y la otra mitad dentro de las cadenas?
Con tantas hojas el sol haciendo señas, dándote los buenos
días
con tantos banderines brillando al cielo
y estos en las cárceles y aquellos bajo tierra.

Calla, no tardarán, pronto sonarán las campanas.
Esta tierra es suya y nuestra.
Bajo tierra, entre sus manos cruzadas
sujetan la cuerda de la campana –esperan el momento, no
duermen,
esperan tocar la resurrección. Esta tierra
es de ellos y nuestra –no puede nadie quitárnosla.

[…]

LA SEÑORA DE LAS VIÑAS

[...]

III

Señora de las Viñas, ¿cómo aguantar sobre nuestros
hombros tanto cielo,
cómo aguantar tanto silencio con todos los secretos de las
plantas?
Un delfín brillando corta el silencio del mar,
igual que el cuchillo corta el pan sobre la mesa de los
marineros,
igual que el primer rayo del sol corta el sueño.

De piedra en piedra brilla el camino y de pájaro en pájaro
sube la
escalera
y el sol, mitad entre el mar, otra mitad sobre los cielos, arde
como la naranja entre tus manos y como tu oreja bajo tus
cabellos.

Y así puesta y fuerte en medio de todo el mundo,
teniendo en tu mano izquierda la gran balanza y en
la derecha la
Santa espada,
eres la belleza y la valentía, eres la Hélade.

Así como atraviesas los maizales, partiendo la seda del aire,
las rubias borlas del maíz rozan tus axilas
como si te rozara el recién brotado bigote del pastor,
de ola en ola el escalofrío desborda a las espigas,
de sonido en sonido los robles se inclinan sobre los
manantiales,
y las montañas están en torno como los cántaros que
esperan ser llenados.

Señora de las Viñas, en nuestros pechos se refleja tu cara
igual que alumbra una nube blanca las laderas pobladas de
los bosques,
y el río te sigue como un león domesticado
cuando repartes los rayos a las ramas de agua,
cuando repartes a los pastores pólvora y canto,
y te llaman hermana los caballos y los corderitos.

[...]

VI

La casa está tranquila, arreglada, igual que las grandes sábanas
dobladas dentro del arca con lavanda.
El sol la tiene encalada por dentro y por fuera y están
enraizados sus
cimientos
dentro del fresco silencio del tiempo.

Cada vez que un rayo rasca la chimenea de la soledad,
esta, muy segura, se refugia en las plegarias de los árboles,
con su gran fuego en el hogar para que se cobijen los
pobres y los caballos
mojados,
con sus piedras angulares cruzadas como pétreas hogazas,
con sus vigas fuertes como las espaldas del padre
y toda entera huele a haya, a piñas de ciprés y de cedro.

Con el añil del cielo se tiñen la ropa y nuestras toallas,
en medio queda la mesa ancha para los convidados
igual que quedan los bueyes bajo la tromba de lluvia, y en
el molino
las piedras de moler quietas permanecen.
Lo que apoyes sobre ella cunde como si estuviera bendecido
por la paciencia
de nuestra madre,

aumenta el pan y nuestros cántaros se llenan de vino de resina,
y cuando sacude el mantel entre las migas de la cena,
se hace nuestro mantel luna de verano entre las estrellas.

Sobre las paredes queda intocable la sombra de las barbas de nuestros abuelos,
la sombra de sus cuchillos y de sus fusiles,
las sombras de las manos de los chicos que hacían con la luz del candil
ovejas, burritos y sirenas antes de acostarse.

Así que las paredes de nuestra casa se hicieron como ahumados iconos blancos,
aquí la Virgen y San José y su Hijo y el Otro del Padre,
que tiene gruesos cabellos como sogas y sostiene en su mano una pelota
(una gran pelota en la que se halla pintado el Peloponeso entero)
más allá Alejandro Magno, la tía Paraskevula y Kolokotronis
y Tú haciendo leves señas, Señora de las Viñas, tras los árboles de los olivos,
tras los cipreses,
la cruz, la espada y la gloria, cara a cara contra todas las hordas enemigas
de dentro y de fuera.

VII

Toda nuestra casa olía a orégano, cera derretida y pólvora,
pero más aún los días de lluvia cuando entraba por las ranuras
el aliento de las
tierras.

Entonces perdíamos nuestra casa –se convertía en barco de
tres mástiles
que surcaba los cinco mares,
o en el arca del diluvio que subía y bajaba los ríos colgados
del cielo
y estábamos nosotros dentro, junto a las gallinas, el cerdo y
nuestra
cabra con sus tres recién nacidos,
por eso olía a excrementos de ave, a membrillo casi podrido
y a paja.

Me acuerdo de que nuestra madre estaba enteramente
vestida de negro,
porque siempre alguno de los suyos se iba al otro mundo,
sin embargo nosotros sabíamos que en su interior no le faltaba
el camisón azul,
por eso sus ojos, al anochecer, entre sus arrugas eran como dos
estrellitas entre las hojas del olivar.

Aquí dentro todo es sencillo y silencioso, pulcro, como los oídos
de nuestro hermano más pequeño al que llevan los domingos
a la iglesia–
cada cosa está en su sitio en el armario del muro,
como la miel sobre la cera virgen–
el azucarero, las hojas de laurel para las lentejas y el estofado,
la tila y la flor de la malva y las ventosas para las fiebres,
los botes, con las redondas naranjas silvestres en almíbar, la almáciga y
el pomelo,
y las cucharillas de plata de la abuela para cuando tengamos invitados
los días festivos.

Nunca nos confundimos. Lo que puedas pedir sabes dónde encontrarlo.
La rueca, los cántaros, la gente y las sillas, el espejo,
todo a mano y bien puesto, igual que los granos dentro de la granada–
y si cruje una cebolla y si se quiebra un muro,
nuestra madre se limpia los ojos y nosotros ya sabemos
que los granos aumentan y rompen la cáscara de la granada.
Y sobre nuestro tejado queda cada noche la calma inmóvil,
así como quedan, en nuestro candil, dos dedos de aceite.

[…]

XI

Señora, Señora, marina y terrestre con las florecidas mejillas,
apretando en tu busto el calor del mes de julio,
a veces teniendo en tu delantal un barco –un barco pequeño
a veces como virgen del mar Egeo vestida con una red,
llevando hacia el atardecer sobre tu cabeza el cesto con los
peces,
a veces vestida con hojas de parra, perseguida por las
doradas moscas del sol,
alrededor de las eras,
encendiendo el beso sobre las flores del manzano,
azotando los mimbrales con el aire de tu andar.

Manza-ay-ay-manza-manzanito de la cuesta,
¿cómo fue que treinta veces dieron hojas tus manzanas de
amor?

Se abren las granadas en el árbol y caen risas en el río,
con frambuesas se persiguen jugando las niñas en la playa,
y, ¡ay!, el guarda de la viña no aguanta un pájaro en el pecho,
y, ¡ay!, no aguantan los violinistas de la viña tanto cielo entre
entre sus violines.

En la luz de las gavillas –ahí ves, Señora– el mediodía,
vuelve boca arriba las segadoras,
muerde la cigarra a la oveja, y el joven muerde sus puños
y el pastorcillo lleva a su boca el pezón del buen tiempo
como un cabritillo en su primer mamar.

Qué quiere decir pena –¡ay!, pena–, Jardinera mía valiente,
ante los vientos del verano, los jirones y los flecos del
levante,
clava un cuchillo de mango negro en los juegos de la muerte.

Aquí mismo la marinería desnuda con tres palmas de amor
mide los caminos del mundo y las campanas doradas del sol,
y un joven bandolero ahumado por la brasa del sol,
hace girar la perinola del cielo sobre su rodilla.

[...]

XIII

Señora, te rodean las luciérnagas con sus farolitos,
la sombra del nogal se hunde como un cazo en los hierbajos
del campo
y en el delantal del silencio caen las bellotas.

¿Qué ventana puede abrir la moza sin que se pinche con una
estrella,
qué muro de Grecia se quedará sin la valentía del pecho,
qué navajazo sin grito y qué grito sin el canto?

Las estrellas abrochan con dos doradas filas de botones tu
camino,
en fila las horas quedan redondas como quesos en la repisa,
callan en la bodega los barriles como vacas a punto de parir,
las despensas están tranquilas como las nubes en la noche,
y en el tejado la serpiente de la casa duerme como el ancla
dentro del barco.

En lo alto bendice las casas el Pantocrátor, como el padre
bendice la hogaza
y a tu lado, Señora de las Viñas, anda ligera la Osa Mayor,
y por encima de la chimenea cuelgan cruzados el fusil y la
flauta.

Y si se atreve el infiel a arrancar un solo pelo del silencio
del trigal,
y si se atreve a pisar la faja del capitán Meselogui,
saltarán de lo alto de los cipreses centinelas,
se reunirán los mástiles de los pesqueros, las lanzas de Digenis,
las caracolas de los océanos y los olivos de las colinas
para proteger la entrada del castillo de la Amiliti

y ángeles con capotes de Rumeli se sentarán ante las atalayas,
y santos artilleros llevarán en sus hombros los cañones del 21.

XIV

A Spiro Basiliov

Austros y Tramontanas, lobos de mar, con la cuajada sal en
sus bigotes,
te tallaron, buena Señora, en la proa del Batiki, sin peinar,
como una sirena,
pañuelos de poniente de Monemvasía, te hicieron señas al
salir,
isleñas con canela y claveles escribieron tu nombre sobre
las manzanas y melocotones de Klidón,
en la torta del lunes de Carnaval te bordaron con un ramo
de mirto
y en tus cabellos se enredan frescas algas y serrín de madera
de ciprés.

Amaina, Señora. Quietos los remos. Bienvenida a la orilla de la
familia marina.
Farol de pescar del lucero de la tarde, alumbra las aguas
poco profundas
para llenar los cestos.

La capitana bendice el pan y santifica el agua del cántaro,
y el cangrejo presta oído al latido del corazón del erizo que se enredó
con una estrella.

Los barqueros en la taberna invitan a su primogénito a unas copas de mar
y fuera del cristal el plateado tambalear de la luna sobre las mojadas
piedras de mar.

Silencioso –muy silencioso el anclar del pesquero a medianoche peinando
las aguas sombrías con remos dorados,
anzuelos, artes, la calabaza– despacio, despacio, como el andar del pez
entre las algas
y cómo ensaliva Genoveva sus dedos haciendo sus trenzas
y cómo oyes al amanecer los guijarros a tu alrededor y las gracias de las Pléyades.

Veladas de las islas en las puertas del balcón ante la vista de la
hierbabuena,
de pie y silenciosas las bellas hijas de los capitanes

y en sus cabezas brillando las estrellas como cestos con
peces dorados,
las novias del océano enfadadas dentro de su paciencia.

¡Ay, nuestro pobre marinero! La pena del gran mar que
siempre
lleva, lleva, lleva–
azules faroles a las atalayas de la medianoche y proas que se
rasgan como
espadas, el sueño del buen tiempo navegante–
barcos forasteros apuntan al blanco balconcito de la
paloma
y a los Gulades los viejos cañones como tuertos delfines.

Despacio-despacio, que el muchacho del barco no se
entere de la pena
de su amada,
que no sea que se acuerde el pescador de esponjas de su
madre que quedó
totalmente sola en el muelle,
no sea que se acuerden los muertos de su sangre que se
derramó sobre
las piedras.

Dos veces madre, madre nuestra, cosiendo la camiseta del
marinero,

cosiendo el recuerdo, los castillos, las ventanas.
Colgando una cuenta azul en el pecho del buzo,
reza despacio, cuenta quiénes faltan,
cuántas se pusieron de luto, quiénes se sentaron con
la cabeza inclinada al
lado de la chimenea
así como queda crucificado el pulpo del pescador sobre el
muro.

Ten ánimo, Señora mía, Señora mía, y mastica los granos
de laurel
de nuestra pena,
no sea que nos arrastren el llanto de nuestro canto y los
poyetes blancos
de la luna,
y desde la cueva de la gaviota a un lugar soleado soplarán
las velas
de la primavera
y entre los marcos de conchas no sea que se humedezcan
los ojos de los
capitanes,
no sea que respiren las viejas heridas y se empañe el cristal
de tu
imagen.

[…]

LOS BARRIOS DEL MUNDO

Este verano enconado llegó, como si fuera el último.
Grava el saco del sol nuestros hombros heridos,
los frutos a través de las hojas muestran sus puños cerrados.
Y no sabes siquiera en qué mes estamos.
Nadie aró este año, nadie sembró.
Y no sabes siquiera qué tiempo hace.
El verano perdió su ruta entre los muertos
y las Épocas sentadas silenciosas en el bosque bombardeado.
Un camión abierto al camino matinal,
transporta a la ciudad cajones con balas.
Da la vuelta, se pierde en la polvorienta luz. No, no sabes…

Los barrios del mundo son tristes.
Están desnudos los barrios.
Las nubes sentadas en cuclillas sobre las casas
fumando las colillas del día.
La lechería en la esquina.
Se enciende la primera bombilla, un niño llora.
Su llanto colgado al atardecer

como un andrajoso cometa en los alambres del telégrafo.
Y las madres detrás de los cristales, piensan, piensan:
una mesa de madera sin pan,
la ropa sin lavar echada sobre la silla,
una redonda claraboya en la azotea estudiantil con su luz
gris del atardecer
que es como un disco viejo de gramófono
con una canción que ya nadie canta.
Hermosa cancioncita –ya la hemos olvidado–.
Algo decía sobre el amor al aire libre
de una casita entre pinos,
un banco verde y el lucero de la tarde
alumbrando dos bocas besándose.
Hermosa cancioncita de verdad –ahora, ¿quién recuerda
sus palabras?–
Hemos escondido las banderas, hemos enterrado los libros
en el huerto
igual que enterramos a un niño que apenas llegó a decir
«mamá»,
igual que enterramos una semilla ignorando cuándo saldrá
el árbol.
Pero ¿quién recuerda ahora aquella canción?
¿Quién recuerda aquellos veranos pobladísimos de cigarras?
¿Aquellas calles de Atenas pobladísimas
de vivas, de sueños y de banderas?

Anochece temprano en los barrios.
Y son muy amargos los barrios.
El sol se pierde polvoriento detrás de los montes
como se pierde el ruido de una moto militar
en la lejanía de la avenida. No se oye nada.
Cerradas con llave las casas. Cerrados con llave los corazones.
Solo se oye el paso del policía
en los nocturnos barrios de Atenas.

Los barrios están tristes.
Los barrios han hundido sus barbillas en sus pechos.
No hablan los barrios. La tarde pasea sobre los caminos de barro.
Solitaria, como una luna vieja sin dar cuerda, en sus manos,
como un ciego mendigo con su armónica. Toca una canción ciega.
No se abre ninguna ventana. El obrero que regresa a su casa
no se entretiene, atraviesa lentamente el umbral,
mira al suelo. Los niños le miran.
La mujer cose un calcetín. No le mira.
«Tampoco hoy», dice, como si tuviera alguna culpa.
«Tampoco hoy encontré trabajo», dice.
Y los niños no saben y están tristes
y el vasar de los platos está triste
como una pequeña escalera que no conduce a nada,
y los cacharros de barro están tristes,

como lunas que no tienen qué alumbrar,
y el huevo de madera de coser dentro del calcetín
está como un puño apretado,
es como un puño escondido en un bolsillo vacío.

Los barrios no hablan,
los barrios se enfadan,
los barrios se esconden en las sombras
apretando sus puños. No hablan.

Las noches pasean silenciosas por los barrios,
arrastrando al callejón sus zapatos reventados,
de repente sus tacones golpean la piedra
como golpea la culata del fusil sobre la puerta.
Entonces se condensa el silencio. Las casas se aprietan una al lado de la otra
como se aprietan las manos de los presos
en el momento en que la gran llave gira en la puerta.
Despacio. No te muevas. Las estrellas,
con sus espuelas sobre los tejados. No te muevas.
Se pierden poco a poco como pasos
de una escuadrilla militar. Amanecerá.

* * *

Los barrios recuerdan. Los barrios
no quieren olvidar. Al amanecer
los truenos de los disparos al Skopeftirio. Por la noche
las luces de Haidari. Camuflan la luz.
El beso era amargo y apresurado.
Luego caían las manos a un lado.
Un disparo de pistola en la calle. La noche y la carrera.
La noche. Y el corazón que golpea fuerte
igual que el puño en la mesa.
Luego el silencio de nuevo. Solamente
las muletas de la luna en la acera
y una mano que aprieta el respaldo del asiento
una mano que engrasa la vieja pistola,
y una mano que cose una bandera,
y una mano que aprieta otra mano,
y las estrellas que muestran sus dientes apretados
por encima de la cruz inclinada que ondula en la Acrópolis,
y el viento que comienza a medianoche.

¡Ah, cómo sopla este viento! No quiere calmarse.
Abre y cierra las puertas. Golpea las persianas.
Agita los cabellos del barrio. Castiga las faldas negras de las madres.
Rasga los programas del cine del verano pasado.
Mezcla las fechas de los periódicos en el quiosco del inválido.
Tira al suelo el casco del policía. El policía corre

detrás de su casco por los raíles. Detrás de él corre el tranvía.
Toca la campanilla el tranviario. Se lían
el tranvía, el inválido, el vendedor ambulante y el guardia
y las madres con sus faldas negras y la muerte,
se lían las casas y los años y las nubes y los telegramas
y las noticias de China
noticias de Corea y Persia
–nacionalización de petróleos– se lían –no se pueden aclarar.

Este viento sopla, sopla y sopla.
No quiere callar, este viento en los barrios del mundo.
Pasábamos días amargos. Sentados
en aquella oscura habitación con tanto humo y tantos sueños,
alrededor de la pequeña y clandestina imprenta.
Las voces bajas, el arrastre de los papeles de la multicopista.
Y afuera en la acera, la bota del alemán
y la muerte debajo de la escalera
y la señal clave del golpecito en la persiana con el dedo
doblado
¡Ah! Aquel golpe de abril en la persiana,
que paraba nuestro corazón en el centro del mundo.

No queríamos morir. Nadie quería morir.
No era fácil –no digas– no era fácil.
Una hora más, solo un momento más,
un beso –un árbol– un beso,

una sábana blanca que huele a jabón,
el cuerpo desnudo del amor
al mediodía con las cigarras en los desnudos pies del amor,
el olor de pino en los cabellos del amor,
la pequeña paloma de la noche en las manos del amor,
el gran grito en la habitación, en el momento del amor,
y el pequeño, ¡ay!, en la boca cansada del amor
y las estrellas y las flores, ligeros pasos nocturnos alrededor de la cama del amor.
No era fácil –no digas– no era fácil.
Nadie quería morir.

[…]

CONOCIMIENTO

Un sol de piedra viajó a nuestro lado
quemando el aire y las espinas del desierto.
Por la tarde se detuvo en la falda del mar
como una bombilla amarilla en un gran bosque de recuerdos.

No teníamos tiempo para tales cosas – sin embargo
echábamos de vez en cuando un vistazo – y sobre nuestras mantas
junto con las manchas grasientas, el color, y huesos de aceituna,
reposaban algunas hojas de los sauces, y agujas de pino.

Tenían también estas cosas –no muy importantes– su peso:
la sombra de una horquilla en la tapia, hacia el ocaso,
el paso del caballo a medianoche,
un color rosado que muere en el agua
dejando tras sí el silencio más solitario aún,
las hojas de la luna caídas entre la parva, y patos salvajes.

No tenemos tiempo – no tenemos,
en cuanto las puertas se convierten en manos cruzadas,
cuando los caminos se hacen como aquel que dice «no sé
nada».

Sin embargo, nosotros sabíamos que más allá del gran cruce
hay una ciudad con miles de luces multicolores.
La gente allí se saluda con un solo gesto de la frente –
les conocemos por las posturas de sus manos
por la manera en que cortan el pan,
por su sombra sobre la mesa en la cena,
por el momento en que todas las voces dormitan dentro de sus
ojos
y una sola estrella cruza la almohada.

Les conocemos por el surco de la lucha entre sus cejas
y sobre todo –las noches en que se agranda el cielo encima de
ellos–
les conocemos por aquel equilibrado y conspirado
movimiento
como cuando echan su corazón como un pasquín clandestino
por debajo de una puerta cerrada al mundo.

SIEMPRE

Comenzamos una conversación – se parte por la mitad.
Comenzamos a construir un muro – no nos dejan terminarlo.
Y nuestra canción, partida.
Todo lo acaba el horizonte.

Por encima de las lonas pasan a manadas las estrellas
a veces cansadas, a veces amargas, sin embargo seguras
por sus caminos, y por los nuestros.

Y el día, hasta el más injusto, te deja en el bolsillo
una banderita azul y blanca de la fiesta de la mar,
te deja una bocanada de aire limpio
te deja en la vista la gracia de los ojos
que miraban contigo la misma piedra,
que repartieron por igual el mismo dolor, la misma nube, la
misma sombra.

Todo lo hemos repartido, camaradas,
el pan, el agua, el cigarrillo, la pena, y la esperanza.

Ahora podemos vivir o morirnos
sencillamente y con belleza –con mucha belleza–
igual que si abrimos una puerta a la mañana
y decir buenos días al sol y al mundo.

PREPARADOS

Peldaño a peldaño las lonas cuesta arriba,
recto arriba hacia el cielo,
las lonas clavadas en la piedra,
a palos con la testarudez,
con el arpón del sol clavado en la frente.

Van y vienen los días, las piedras inalterables.
Rara vez pasa algún barco, una nube –
dejando tras sí su escasa sombra,
una pequeña ventana abierta hacia los años del árbol.
No cambia nada.
Ni el corazón ni la piedra cambian.

De piedra la cama donde dormimos,
de piedra el pan en que afilamos nuestros dientes,
de piedra el brazo donde la noche apoya su barbilla.
No puede el viento llevarlas.

La tarde dobla su bandera roja.
Dormiremos de nuevo con una piedra entre los dientes,
con las aletas de la nariz marinera al borde de nuestra oreja.

Venga lo que venga ahora, camaradas,
nos encontrará con los bártulos al hombro
con todo nuestro corazón dentro del hatillo
dando y dando vueltas nuestra firmeza a la Jura de la
Democracia
así como damos vueltas con nuestro dedo en el ojal de la
chaqueta de un amigo,
no porque no tenemos nada que decir.
Será que amamos mucho – y así es siempre.
En cuanto amamos no podemos hablar.
Jugamos entre los dedos con una rama de olivo.
Grabamos en el suelo un nombre,
siempre el mismo y estamos preparados,
siempre el nombre de la Libertad.

Papel certificado por el Forest Stewardship Council®

Primera edición: septiembre de 2024

Printed in Spain – Impreso en España

ISBN: 978-84-397-4367-5
Depósito legal: B-10.336-2024

Compuesto en La Nueva Edimac, S. L.
Impreso en Huertas Industrias Gráficas, S. A. (Fuenlabrada, Madrid)

R H 4 3 6 7 5